Gaston - Amador

TAXIS & Cie

Brèves de compteur

JE SUIS DÉSOLÉ...
DANS CE CAS PRÉCIS...
JE SUIS OBLIGÉ DE COMPTER VOTRE AMI EN SUPPLÉMENT BAGAGE.

Mise en couleurs : Gaëlle Tejan-Cole avec l'aide de Scarlett Smulkowski.

Spéciale dédicace à Guillaume Taquet, taxi à Montpellier, pour tous ses précieux renseignements.

ISBN: 2-874-42071-9

Première édition - MAI 2005

Imprimé en France par PPO Graphic, Pantin. Dépôt légal : mai 2005 ; D.2005/0053/190.

L'AMOUR DU MÉTIER

?!
OUUUUH
BONJOUR
VOUS ÊTES DE PASSAGE DANS LA VILLE ?
TRAVAIL ? LOISIR ?
VOUS PRENEZ SOUVENT LE TAXI ?
VOUS ÊTES DANS QUEL SECTEUR ?
LE TEMPS S'EST FRAÎCHI, VOUS TROUVEZ PAS ?
VOUS CONNAISSEZ LE LUBÉRON ?
VOUS AVEZ VU LE DERNIER ALMODOVAR ?...
C'EST BON, MERCI...
JE SUIS ARRIVÉ !
TU PEUX TE LA GARDER TA THUNE GOUJAT !
MOI AUSSI J'EXISTE !!

Mac drive

MAC DOB
TAXI
PLACE JEAN MOULIN.
ON Y VA.
J'VOUS PRÉVIENS FAUT PAS ESSAYER DE M'ARNAQUER HEIN !
J'CONNAIS TOUS VOS TRUCS D'EMBROUILLES DE TAXIS, VOUS ALLEZ PAS ME PROMENER EN VILLE ... J'AI UN PLAN !
PLAN
LÀ !
ÇA COMMENCE, ON EST DÉJÀ PASSÉS À CÔTÉ DE CE MAC DO !
J'AI PAS ENCORE DÉMARRÉ !

Comme au cinéma

TAXI !
SUIVEZ CE TAXI !
C'EST VOTRE FEMME ?
NON
SON AMANT ?
NON
UN ESPION ?
NON
UN BANDIT INTERNATIONAL
BEN LADEN ?
NON
J'AI TOUJOURS RÊVÉ DE DIRE "SUIVEZ CE TAXI" EN ENTRANT DANS UN TAXI.

Chiennerie de métier

ALORS, C'EST PAS TROP DUR D'ÊTRE FEMME TAXI ?
BÔ NON ...
POURQUOI?
BEN
À CAUSE DES SATYRES, MAUVAIS PAYEURS, NOCTAMBULES FOIREUX, MACHOS SANS PERMIS ...
TOUT ÇA QUOI...
AH... POUR ÇA ?
J'AI MON OPINEL...
TAXI
UN OPINEL !?
HA! HA! HA!
ET VOUS ESPÉREZ FAIRE PEUR À QUI AVEC ÇA ?
GRRRRRR
OPINEL...
COUCHÉ !

Chut !

BONJOUR.
J'VOUS PRÉVIENS, J'AI PAS ENVIE DE FAIRE LA CAUSETTE.
J'AI MON TIERS EN RETARD ET MA FEMME M'A GONFLÉ TOUTE LA NUIT...
ON NE FUME PAS !
METTEZ-VOUS DANS LE COIN ET TENEZ-VOUS TRANQUILLE !
PAS BESOIN D'USER MES AMORTISSEURS ...
JE VOUS PRÉVIENS J'AI PAS DE MONNAIE.
JE GARDE TOUT, ÇA SERA PLUS SIMPLE !
QUAND JE PENSE QUE JE PRENDS LE TAXI PARCE QUE J'AI PEUR DE ME FAIRE AGRESSER DANS LE MÉTRO ...
BODOM
BODOM

Destins croisés

ET VOUS...
POURQUOI VOUS AVEZ CHOISI D'ÊTRE TAXIS ?
TAXI
TAXI
POUR ÊTRE LIBRE !
DÉJÀ QUE JE SUIS NOIR, MARIÉ, QUE J'AI DES GOSSES ...
J'ALLAIS PAS ME RAJOUTER DE L'ESCLAVAGE !
MOI, C'EST PAR AMOUR DES BAGNOLES...
... ET PAR FACILITÉ, AVEC MON BAC MOINS DOUZE.
TAXI
MOI, C'EST PAR AMOUR DES GENS ...
ET DU CONTAAACT !
ET TOI ROGER ?
MOI, AVANT J'ÉTAIS ROUTIER,
J'AI TRIMBALLÉ DE TOUT ...
ET J'AI FAIT MON CALCUL.
TAXI?
VOUS ÊTES LIBRE ?
AU KILO, LA VIANDE HUMAINE C'EST CE QU'IL Y A DE PLUS RENTABLE À TRIMBALLER
ALORS...

Transports en commun

S'IL VOUS PLAÎT MONSIEUR ...
IL EST INTERDIT DE FUMER DANS LE TAXI.

Supplément bagage

JE SUIS DÉSOLÉ...
DANS CE CAS PRÉCIS...
JE SUIS OBLIGÉ DE COMPTER VOTRE AMI EN SUPPLÉMENT BAGAGE.

Le taxi c'est super

TAXI!
LE MONDE A BESOIN DE MOI !
"LE MONDE" C'EST BOULEVARD DES CAPUCINES ÇA, NON?
EH?
QU'EST-CE QUE VOUS FAITES, LÀ ?
FAUT PAS VOUS GÊNER ?!
EEEH !!
ET MA COURSE ?
ET VOS FRINGUES POURRIES, LÀ...
J'EN FAIS QUOI ?

Taxi'Co

À LA MAIRIE CHAUFFEUR !
BIEN M'SIEUR!
ET ALORS, ON ATTEND QUOI LÀ ?
QUE LE TAXI SOIT REMPLI DE CLIENTS POUR LA MAIRIE.
VOUS FAISIEZ QUOI AVANT D'ÊTRE CHAUF-FEUR, ici ?
CHAUFFEUR DE TAXI'CO AU TOGO M'SIEUR!

Exutoire

VOUS SAVEZ, C'EST PAS TOUJOURS FACILE DE FAIRE CE MÉTIER.
MES PARENTS M'AURAIENT AIMÉ...
J'AURAIS FAIT DES ÉTUDES,
UN VRAI MÉTIER.
TOUJOURS SUR LA ROUTE,
'Y A PAS UNE FEMME QUI SUPPORTE À LA LONGUE.
PAS DE GOSSES À MON ÂGE, VOUS IMAGINEZ ?
PIS FAUT PAS CROIRE QU'ON EST RICHES
CHARGES, TAXES...
LE TAXI N'EST MÊME PAS À NOUS...
SANS COMPTER LE DANGER
ON SAIT JAMAIS QUI ON EMBARQUE
ON EST ARRIVÉS.
NON J'VOUS EN PRIE... J'VOUS OFFRE LA COURSE.
LA PSYCHANALYSE ÇA NE MARCHE QUE SI ÇA COÛTE DE L'ARGENT !

Taxi-boulot-dodo

C'EST BON CHAUFFEUR,
GARDEZ LA MONNAIE.
J'VAIS TE DIRE, MOI!
CETTE NOUVELLE GÉNÉRATION D'EXECUTIVE WOMEN, JE LES SUPPORTE PLUS...

Pierres qui roulent

T'AS UN CLIENT À CHARGER À LA CITÉ DES CLAPIERS.
EH ! MAIS'Y A QUE DES RACAILLES LÀ-BAS !
TAXI & CO
JOE, ON EST UNE ENTREPRISE QUI DOIT TOURNER ET SE FAIRE DE LA CAILLASSE LÀ OÙ IL Y EN A À GAGNER.
AUJOURD'HUI, MÊME LES PAUVRES PRENNENT LE TAXI, FILS...
PFF
QUEL MÉTIER !
J'AURAIS DÛ RESTER DEALER.
PFF
R'GARDE-MOI C'TE ZONE !
ON PREND PLUS FACILEMENT UNE BALLE PERDUE QU'UN TAXI, ICI...
J'VAIS METTRE MON GYRO POUR ME FAIRE MIEUX VOIR.
TAXI
ALORS, FILS, TU NOUS RAMÈNES DE LA CAILLASSE DE LA CITÉ ?

Un métier de fou

LÀ!
J'EN VOIS UN!
LÀ!
ENCORE UN!
LÀ, UN AUTRE QUI SE CACHE.
TOUTES LES SEMAINES C'EST LA MÊME CHOSE.
C'EST PAS SÉRIEUX QUAND MÊME!
C'EST BON, J'AI FAIT LE PLEIN,
ON RENTRE.
TAXI
CENTRE DE REPOS LES OBLITÉRÉS
VOILÀ VOTRE COURSE COMME D'HABITUDE.
QU'EST-CE QU'ON FERAIT SANS VOUS?
VOUS FINIRIEZ PAR ACHETER UN PORTAIL!

À la queue

COMMENT VOUS VOUS OCCUPEZ, LES CHAUFFEURS PENDANT VOS LONGUES HEURES EN TÊTE DE TAXIS ?
ÇA DÉPEND.
TAXI
ON BOUQUINE ...
XI
... ON FAIT UNE SIESTE...
ROOOZZZZ
... ON VA CAUSER AVEC LES COLLÈGUES ...
... ON MANGE, ON FUME, ON ÉCOUTE LA RADIO...
ET TOI ?
MOI C'EST SPÉCIAL J'AI PLUS D'APPART' EN CE MOMENT...
ALORS?
TAXI

Moi taxi...

MOI, C'EST TAXI EN CHINE !
MOI, C'EST TAXI EN FRANCE !
TAXI

Un métier en or

ALORS ROGER?
T'AS LE FEU AU CUL?
AAAAH!! J'AI JAMAIS COMPRIS POURQUOI ...
...CE BESOIN VITAL DE VOIR DE VRAIS PAUVRES RÉGULIÈREMENT.

Self défonce

ALLEZ BOUFFON!
FAIS PÉTER TA RECETTE DU JOUR OU JE TE CIRCONCIS LA TÊTE!
?
AH CHOUETTE,
VOUS TOMBEZ BIEN!
VOUS ALLEZ POUVOIR ME DIRE CE QUE VOUS PENSEZ
DE MON SÉCURI-SIÈGE...
CLAC
...ÉJECTABLE
BONG!
VOUS RAJOUTEZ UN TOIT OUVRANT ET CE SERA PARFAIT...

Taxi VI

CHAUFFEUR, 10.000 $ POUR VOUS SI VOUS ARRIVEZ À L'AÉROPORT EN MOINS DE 10 MINUTES.
C'EST PARTI MON PRINCE !
VRR
TOP!
9 MINUTES 46 SECONDES!
COUPEZ!
TRÈS BIEN,
LAISSEZ VOTRE ADRESSE, ON VOUS CONTACTERA.
SUIVANT!
CASTING TAXI VI
EH NON ! J'FAIS PAS QUE LE TAXI DANS LA VIE ...
J'PRÉPARE DES TRUCS DANS LE CINOCHE, SURTOUT.
TAXI

Taxi sitting

ON EST ARRIVÉS LES ENFANTS.
VOILÀ MADAME,
TROIS FOIS LE TOUR DE LA VILLE = 70 EUROS.
LE SYSTÈME IDÉAL...
ÇA ME COÛTE MOINS CHER QU'UNE BABY-SITTER POUR QUATRE ET POUR LE MÊME PRIX IL VA LES CHERCHER À L'ÉCOLE.

La gueule de l'emploi

AVEC UNE GUEULE COMME LA VÔTRE...
VOUS DEVEZ VOUS APPELER MARCEL, RENÉ OU ROGER...
C'EST ROGER.
AVEC LA GUEULE DE VOTRE TAXI
VOUS AVEZ DÛ NAÎTRE PENDANT LA GUERRE...
EN 1944.
AVEC LA GUEULE DE VOTRE GILET ET DE VOTRE GAPETTE...
VOUS DEVEZ SÛREMENT VOTER FN OU PC...
ON EST ARRIVÉS.
QUOI ?! 60 EUROS POUR 20 BORNES !
AVEC UNE GRANDE GUEULE COMME LA VÔTRE, VOUS DEVEZ ÊTRE HABITUÉ AUX TARIFS DE NUIT.
IL EST 19 H PASSÉES.

L'amour ça vous transporte

TAXI !
OCCUPÉ !
TAXI !
EH NON !
TAXI !
DÉSOLÉ !
RÂÂÂÂH
QU'EST-CE QU'ILS ONT TOUS À PRENDRE LE TAXI AUJOURD'HUI ?
ILS PEUVENT PAS POLLUER AVEC LEUR PROPRE VOITURE COMME TOUT LE MONDE CES !
AUX GRANDS MAUX...
S'IL VOUS PLAÎT !
TU MONTES MINOU ?
LOVE CAR
VOUS POUVEZ M'EMMENER AU 127 AVENUE JEAN MOULIN, SVP ?
HEU ?..
BEN OUI...
?
?
?
T'EN FAIS UNE TÊTE !
'YA UN CLIENT QUI M'A DEMANDÉ UN TRUC VRAIMENT SPÉCIAL AUJOURD'HUI...

Sainte-Hélène

PLUS DE 200 000 MORTS! MON DIEU! MAIS QUELLE HORREUR CE TSUNAMI
LES PAUVRES GENS
FAUT FAIRE QUELQUE CHOSE.
LEUR ENVOYER DES SOUS
PARTIR LES SOIGNER
AGIR!
AIDER LES ORPHELINS
CONSTRUIRE DES ÉCOLES
FAIRE DON DE SOI AUX AUTRES!
HÉ?!
HÉ! MAIS REPRENEZ-VOUS!
ON EST OÙ LÀ?
C'EST QUOI CE DÉTOUR QU'ON FAIT LÀ?
JE RALLONGE VOTRE COURSE!
POUR LE TSUNAMI!

Self défonce, le retour

ALLEZ BOUFFON!
FAIS PÉTER TA RECETTE DU JOUR OU JE TE DÉCALOTTE LE CRÂNE!
AH NON!! PAS ENCORE LUI!
AH, BONJOUR JE SUIS CONTENT DE VOUS REVOIR,
VOUS TOMBEZ BIEN.
NON! NE TOUCHEZ...
VOUS ALLEZ VOIR, J'AI AMÉLIORÉ MON SÉCURI-SIÈGE... VOUS ALLEZ ME DONNER VOTRE AVIS...
RHAAAA
GAW
ALORS?
F'EST VAFFEMENT MIEUX...
ON FENT TOUT DE FUITE LA DIFFÉRENFE.
HOP! HOP!
SAMU

Coup de foudre

IL FAUT QUE JE VOUS L'AVOUE, MADAME, J'AI ENVIE DE VOUS...
HEIN ?
ÇA M'A PRIS DÈS QU'ON S'EST RETROUVÉS ENSEMBLE DANS CE TAXI.
?!
J'AI ENVIE DE VOUS, LÀ, TOUT DE SUITE SUR LA BANQUETTE.
JE SUIS PRÊT À PAYER POUR ÇA.
JE VOUS CHÉRIRAI, JE VOUS ENTRETIENDRAI, SOYEZ MA CHIENNE DE TAXI !
J'Y CROIS PAS.
VOILÀ CE QU'IL M'A RACONTÉ LE SALAUD AVANT QU'OPINEL NE LE BOUFFE !!
BEN MA PAUVRE, VOUS TOMBEZ SUR DE DRÔLES DE LOUSTICS DANS CE MÉTIER.

Père Noël

MON MEILLEUR CLIENT...
PRÊT POUR LA TOURNÉE ANNUELLE DIALO ?

Fumar puede matar

DÉSOLÉ M'SIEUR,
ON NE FUME PAS DANS LE TAXI !
MAIS VOUS FUMEZ BIEN, VOUS !
C'EST PARCE QUE VOUS ÊTES DERRIÈRE ET QUE J'SUIS DEVANT, M'SIEUR !
N'IMPORTE QUOI !!
VOUS ÊTES GONFLÉ !
DÉSOLÉ M'SIEUR C'EST LES NOUVELLES RÉGLEMENTATIONS.
DERRIÈRE C'EST LA ZONE NON-FUMEUR,
DEVANT C'EST LA ZONE FUMEUR.
C'EST BIEN LA PREMIÈRE FOIS QUE J'ENTENDS UNE CONNERIE PAREILLE.
BON BEN, J'AI QU'À MONTER DEVANT ALORS !!
AH J'SUIS DÉSOLÉ, C'EST PAS POSSIBLE M'SIEUR.
DEVANT...
'Y A TOUTES MES COURSES D'ESPAGNE.

Baptême de taxi

TAXI!
HEUMML..
MA FEMME VA ACCOUCHER !
VIIIITE !
À LA MATERNITÉ !
JE PERDS MES EAUX !!
VIIITE!
EEEH... DÉCONNEZ PAS,
LE PLACENTA C'EST IMPOSSIBLE À RAVOIR COMME TACHES.
TAXI
TROKE
ARRÊTEZ-VOUS, ELLE ACCOUCHE!
MERDE! MERDE!
MON ASSURANCE VA JAMAIS VOULOIR PRENDRE ÇA EN CHARGE!
C'EST UNE FILLE!
TROUVEZ-MOI DE L'EAU CHAUDE.
COMMENT VOULEZ-VOUS? QUE JE SIPHONE MON RADIATEUR?
TAXI
VOUS ÊTES UN CHIC TYPE.
EN SOUVENIR DE VOUS, NOUS L'APPELLERONS MERCEDES.
TAXI

Road people

TAXI
Moi, PAS D'ARGENT
VOûLOIR RETOURNER DANS MON PAYS
TROP DUR iCi.
VOUS SAINTE SI SAUVER VIE À MôI.
VôUS PITIÉ.
MONTEZ.
iL NE SERA PAS DIT QUE J'AURAIS LAISSÉ UN POUSSIN LOIN DE SON NID.
FRONTIÈRE
SPACIBÂ MERCI! MERCiii!
VôUS RETOURNER EN FRANCE?
Moi VEUT ALLER DANS VOTRE BEAU PAYS GAGNER ARGENT
TROP PAUVRE iCi.
Moi PAS D'ARGENT.
OK.
JE CROIS QUE JE SUIS DÉCIDÉMENT TROP SENSIBLE POUR CE MÉTIER.
SPACIBÄ MERCI... MERCI...
FRANÇOUZE ZOLL

La star

EH M'SIEUR!
J'VOUS AI VU À LA TÉLÉ NON?
VOUS ÊTES PRÉSENTATEUR NON?
CHANTEUR?
ACTEUR?
DANS UNE PUB?
C'EST BON ON EST ARRIVÉS...
GARDEZ TOUT!
C'EST LE COCU DE MARDI DERNIER À "ÇA SE DISCUTE".

Bien entendu !

GARE D
À LA MAISON
COMME D'HABITUDE JOE...
COMME D'HAB' ! C'EST PARTI MA TRUFFE !
ET TOUJOURS TON BON VIEUX SOURIRE IMBÉCILE...
AH ! C'EST PAS TOI LE PLUS MALHEUREUX VA !
T'ES GROS T'ES VIEUX T'ES MOCHE
T'ES PAS TRÈS MALIN, ET POURTANT TU RESPLENDIS DE SIMPLICITÉ NIAISEUSE !
AH ! SI SEULEMENT LE MONDE ÉTAIT PEUPLÉ D'IMBÉCILES HEUREUX COMME TOI...
QUE LA VIE SERAIT BELLE !
VOUS M'AVEZ PARLÉ, JOE ?
J'ADORE LES CLIENTS SOURDS !

Sur le trottoir

J'ADOÔORE MA BAGNOLE !
TOUTE BLANCHE IMMACULÉE IMMATRICULÉE.
TAXI
JE M'OCCUPE D'ELLE.
JE LA BICHONNE POUR QU'ELLE ATTIRE LE REGARD DES MECS.
ET PUIS QUAND ELLE EST TOUTE PIMPANTE JE L'AMÈNE DANS LA RUE...
... ET PUIS LÀ, GRÂCE À TOUS LES CLIENTS QUI MONTENT...
ELLE ME RAPPORTE PLEIN DE FRIC !
OH !
PROXÉNÈTE !!
MACHO !
BEN QUOI, QU'EST-CE QUE J'AI DIT ?
ELLE VA PAS BIEN CETTE NANA, HEIN TITINE ?

Taxi girl

TAXIS
TAXI
AH MERDE, C'EST UNE BONNE FEMME !
TANT PIS, JE MONTE QUAND MÊME...
DITES-DONC, C'EST PAS TRÈS FÉMININ D'ÊTRE CHAUFFEUR DE TAXI, NON ?
?
D'AILLEURS EST-CE QU'ON DIT "CHAUFFEURE DE TAXI" ?
OU PLUTÔT "CHAUFFEUSE DE CLIENTS" ?
ARF ARF
C'EST COMME SI ON SE METTAIT À VOULOIR ÊTRE SECRÉTAIRE OU PORTER DES STRINGS !
RIDICULE !
FRANCHEMENT, ON PEUT ÊTRE FÉMINISTE ET VOULOIR SE METTRE AU NIVEAU DES MECS...
... SANS VERSER AINSI DANS LA CARICATURE.
TAXI
Chez KÉ
ENFIN... 'PAS D'VOTRE FAUTE PEUT-ÊTRE...
'Y AURAIT EU UN HOMME (UN VRAI) À LA MAISON...
VOUS EN SERIEZ SÛREMENT PAS LÀ...
ET UNE FEMME AVEC UN PITT-BULL ---
C'EST FÉMININ PEUT-ÊTRE ?

Ah ! Le progrès

C'EST LE GPS DERNIER MODÈLE
GRÂCE À ÇA, ON PEUT PAS SE PERDRE.
BÎP! AU DEUXIÈME FEU TOURNEZ À DROITE!
AH !
MARRANT...
PAS TRÈS HUMAIN MAIS MARRANT.
BÎP! RUE D'ALEMBERT SUIVEZ TOUT DROIT!
INCROYABLE! BIENTÔT PLUS BESOIN DE CHAUFFEUR.
RICE
BÎP! AU STOP À DROITE!
EH, MAIS ÇA RALLONGE ! ...
JE CONNAIS UN RACCOURCI
ET LÀ, 'Y A DES TRAVAUX ... C'EST BLOQUÉ...
FAUT FAIRE DEMI-TOUR.
BÎP!
PUNAISE!
BÎP! À DROITE!
ÇA DÉRAILLE COMPLÈTEMENT VOTRE TRUC!
CES GADGETS, C'EST QUE DES CONNERIES ALÉATOIRES...
BÎP!
CONNERIE ALÉATOIRE TOI-MÊME...

Le retour de Lady Di

AH OUIIIIII??
ALORS COMME ÇA VOUS ÊTES JOURNALISTE ?
C'EST SUPER ÇA...
ALORS, VOUS POUVEZ ME LE DIRE, À MOI.
COMMENT ELLE EST MORTE LADY DI ?
HEIN ?
JE NE LE RÉPÈTERAI À PERSONNE... SÛR !
ÇA SORTIRA PAS DE CE TAXI,
SECRET PROFESSIONNEL !
ILS L'ONT ASSASSINÉE PARCE QU'ELLE ÉTAIT ENCEINTE DE DODI ?
C'EST ÇA, HEIN ?
!
EH ! GAFFE ! DEVANT VOUS...
LE PONT !!
TAXI
LADY DI ELLE EST MORTE PARCE QUE SON CHAUFFEUR ARRÊTAIT PAS DE LUI POSER DES QUESTIONS !

Demi-tarif

NON, NON ET NON !
'Y A PAS DE RAISON !
JE SUIS PAS UN CINÉMA !
PAS DE DEMI-TARIF !
HANDICAPÉS, RMISTES, VIEUX, ÉTUDIANTS, MILITAIRES : RIEN À FOUTRE !
CHACUN SA MERDE !
L'ESSENCE N'EST PAS DEMI-TARIF, ELLE !
MÊME SI JE RECONNAIS QUE ÇA PREND DEUX FOIS MOINS DE PLACE DANS UN TAXI...
... D'ÊTRE UN NAIN.
SÉGRÉGATION !!

30 millions d'ennemis

IL ME REGARDE BIZARREMENT VOT' CHIEN !
POURQUOI VOUS LUI METTEZ PAS UNE MUSELIÈRE ?
MON CHIEN EST ICI CHEZ LUI !
DANS MON TAXI LES ANIMAUX SONT LES BIENVENUS
CONTRAIREMENT À CEUX QUI NE LES AIMENT PAS !
JE NE VOUS RETIENS PAS MONSIEUR !
C'EST UNE HONTE !
QUI EMBÊTE LES BÊTES, EST PLUS BÊTE QUE LES BÊTES
NA !
?
HÉ !
QU'EST-CE QUE...
TAXI
AU SECOURS !
SORTEZ-MOI CET ANIMAL !!
FAUDRAIT SAVOIR CE QUE VOUS VOULEZ...

Poing de crédit

ON EST ARRIVÉS.
TAXI
EH ! ATTENDS !
T'AS OUBLIÉ QUELQUE CHOSE !
DE QUOI ? BAMBOULA !
BOULANGE
ET QU'EST-CE QUI T'A DÉCIDÉ À BONDIR DE TON TAXI ?
CET ENFOIRÉ DE MAQUEREAU A ESSAYÉ DE FILER
SANS PAYER SA COURSE.

Passe-droit

HO ROGER
JE CROIS QUE T'ES EN TRAIN DE TE FAIRE ALIGNER...
J'Y VAIS.
AH!
VOUS VOILÀ ENFIN !
J'AI MAL GARÉ MON TAXI EXPRÈS.
DEPUIS QUE JE VOUS AI VUE JE GUETTE VOTRE SILHOUETTE D'HIRONDELLE PARTOUT.
QUOI?
DEPUIS LES TAXIS DE LA MARNE QUE JE SOUILLE MES NUITS EN PENSANT À VOUS, MA PERVENCHE...
NON MAIS DITES-DONC !
HEUREUSEMENT, IL Y A VOT' NOM ET VOT' MATRICULE SUR CE P.V. MON ÉLUE
JE VAIS POUVOIR VOUS RETROUVER À PRÉSENT.
DONNEZ-MOI ÇA !!
TARÉ !
PSYCHOPATHE !
OBSÉDÉ !
MAIS... MAIS...
MA PERVENCHE...
HÉ HÉ HÉ !
'Y A PAS À TORTILLER ROGER...
TU SAIS T'Y PRENDRE AVEC LES FEMMES.
L'EXPÉRIENCE MON P'TIT GARS !

Échange de mauvais procédés

HEP ! HOLÀ ! HOLÀ !
ATTENDEZ !
J'ARRIVE !!
SOYEZ SYMPA ! JE DÉCHARGEAIS UNE VIEILLE DAME.
VOTRE VIE INTIME NE ME REGARDE PAS.
TAXI
ALLEEZ... SOLIDARITÉ ENTRE COLLÈGUES DE LA CIRCULATION.
JE RÈGLE LA CIRCULATION
JE NE L'ENCOMBRE PAS...
MA VOITURE EST EN PANNE ...
ET JE ME DÉBROUILLE TRÈS BIEN SANS...
BON... J'AI COMPRIS
QU'EST-CE QUE VOUS VOULEZ ?
MA CHÉRIE
TU AS TROUVÉ QUELQU'UN POUR TE RAMENER À LA MAISON !?
SOLIDARITÉ ENTRE COLLÈGUES DE LA CIRCULATION.

Taxi de garde

TAXI !
TAXI !
BON SANG DE BONSOIR DE FLÛTE À ZUT !
PAS UN TAXI DE LIBRE !
TANT PIS ...
SOLUTION DE RECHANGE
NUIT
POLICE
J'SUIS TROP BOURRÉ
J'PEUX PAS PRENDRE MA VOITURE.
MONTEZ ON VA VOUS RAMENER.
HÉ ! HÉ !
ÇA A DU BON UN ÉTAT SÉCURITAIRE FINALEMENT...
POLICE

Promise-cuitée

CHAUFFEUR, ÇA VOUS DÉRANGE PAS SI ON MONTE À PLUSIEURS ?
BIEN SÛR QUE NON.
TEUF
ON EST ARRIVÉS CHAUFFEUR
AU REVOIR CHAUFFEUR
MACUMBA DISCO
ET TU VEUX ME FAIRE CROIRE QUE TU REVIENS DU TRAVAIL À CETTE HEURE ?
TU T'ES REGARDÉ ?

Tête connue

J'VOUS AI PAS DÉJÀ VUE QUELQUE PART NON ?
VOUS ÊTES PAS ACTRICE ?
PARDON ?
VOUS FAITES LA MÉTÉO À LA TÉLÉ ?
CHAMPIONNE DE QUELQUE CHOSE ?
VOUS AVEZ PAS CHANTÉ À LA STAR'AC ?
DITES RIEN ÇA VA ME REVENIR...
POLITIQUE ?
COLLÉGIENNE AU LYCÉE MERMOZ EN 88 ?
UNE EX À MOI ?
TOURISTE À PALAVAS CET ÉTÉ ?
TONTON...
... ELZEIMER C'EST TRÈS MAUVAIS QUAND ON EST TAXI !

Auto-défense

HÉ!
'Y A DES JEUNES QUI TOUCHENT TON TAXI.
T'INQUIÈTE.
CLIC
DZZZZZZ
?
?
TAXI
TATA TATA TATA TATA
C'EST DINGUE CE QU'ON TROUVE DANS LES CATALOGUES DE TUNING AUJOURD'HUI !
T'IMAGINES PAS.

L'amour au compteur

C'EST COMBIEN MADAME ?
70 EUROS MON CHOU.
TROP CHER !
BON PACKAGING MAIS MARCHANDISE DE SECOND CHOIX.
PRRRTT !
C'EST COMBIEN ?
50 EUROS MI AMOR !
PFF !
MARCHÉ SATURÉ DE PRODUITS ÉTRANGERS SURTAXÉS
MERCI SARKO !
CABRÓN !
C'EST COMBIEN ?
2 EUROS AU DÉPART ET PUIS 2 EUROS LA MINUTE, MON PRINCE.
VOILÀ UN BON RAPPORT QUALITÉ/PRIX !
J'ADHÈRE !
HÉ!
OPINEL
TUE !
MEILLEURE LISIBILITÉ
MEILLEURE IDENTIFICATION
CLIENTÈLE MIEUX CIBLÉE.
TAXI

Mammy blues

HEP !
POUR COMMENCER ON VA ALLER FAIRE DES COURSES.
VA FALLOIR ME DONNER UN COUP DE MAIN, CAUSE MON DOS DE VIEILLE QUI PEUT RIEN PORTER.
MAINTENANT, FAUT ALLER CHERCHER DU CIMENT POUR REFAIRE MA VÉRANDA.
PRICE
FAUT DÉPOSER MINETTE CHEZ LE VÉTÉRINAIRE CAUSE QU'ELLE EST ÉNERVÉE EN CE MOMENT.
MAINTENANT VA FALLOIR ALLER CHERCHER LES CAISSES DE PINARD CHEZ MA SOEUR.
AVANT DE PARTIR
IL ME FAUDRAIT UN PEU DE SOUS POUR MES CLOPES.
À DEMAIN.
PORTER PLAINTE POUR HARCÈLEMENT SUR TON LIEU DE TRAVAIL ?
MAIS C'EST TA MÈRE QUAND MÊME !

Fin de course

VOUS ÊTES LA DERNIÈRE PERSONNE QUE JE CONNAISSE AU MONDE, HÉLÈNE...
AVANT D'ÊTRE VEUVE J'AI JAMAIS EU D'ENFANTS.
MES AMIS SONT TOUS MORTS OU MALADES...
QUAND JE SERAI MORTE À MON TOUR...
C'EST À VOUS QUE JE VOUDRAI LÉGUER TOUT CE QUE J'AI...
FAUT PAS PARLER COMME ÇA MADAME PETIT...
JOSETTE PETIT
À MA CLIENTE

Un petit bruit

VOUS LES JEUNES VOUS Y ENTENDEZ RIEN EN MÉCANIQUE.
METS TON REFRAIN SUR "PAUSE" ET VIENS M'AIDER !
VOILÀ, 'YA COMME UN "CLIC-CLIC" QUAND J'ACCÉLÈRE.
J'T'EN FOUTRAIS DES "CLIC-CLIC" !
VA TE METTRE AU VOLANT !
VAS-Y ACCÉLÈRE
QUAND JE DIS QUE CES JEUNES ILS N'Y...
ENTENDENT RIE...
VRO
CLIC-CLIC-CLIC-CLIC-CLIC-CLIC
JE DIS...
J'VOUS AI MARQUÉ MON ADRESSE SUR UN PAPIER !!

L'amour de la justice

OH MA CHÉRIE, C'EST TOI ! ... QUELLE BONNE SURPRISE !
OUI, JE SUIS BIEN ARRIVÉ !
LA RÉUNION COMMENCE DANS UNE 1/2 HEURE
AIE CONFIANCE EN MOI...
HI HI
J'AI MON DOSSIER BIEN EN MAIN, J'VAIS LES ÉCLATER !
... ET VU LE CHANTIER EN COURS J'EN AI BIEN POUR TOUT LE WEEK-END !
CET ENFOIRÉ VOUS TROMPE MADAME
QUITTEZ-LE !
FAUTE PROFESSIONNELLE GRAVE HÉLÈNE...
UNE AUTRE COMME ÇA ET C'EST LA PORTE !!

J'paye ma licence

ET ALORS ?
J'PAYE MA LICENCE... J'UTILISE LE VÉHICULE QUE J'VEUX...
TAXI

Taxi-comane

JE PEUX FUMER ?
OUI ! OUI !
VOUS VOULEZ QUE J'OUVRE LA FENÊTRE ?
NON ! NON !
SI VOUS VOULEZ EN FUMER UNE AUTRE APRÈS, NE VOUS GÊNEZ PAS !!
JE SAIS CE QUE C'EST, HEIN !
ALORS, IL PARAÎT QUE T'AS ARRÊTÉ DE FUMER ?
JE SAIS PAS COMMENT TU FAIS... MOI, J'Y ARRIVE PAS.
LE TRUC...
C'EST D'ÊTRE BIEN ENTOURÉ !

Paiement en liquide

ET VOILÀ, ON EST ARRIVÉS M'DAME.
MADEMOISELLE !
OUUH
SUIS-JE GOURDE ?
J'AI OUBLIÉ MES SOUS.
ET SI JE VOUS FAIS UN P'TIT CÂLIN...
ON EST QUITTES ?
GLP !
ET... SI JE VOUS RAMÈNE LÀ OÙ JE VOUS AI PRISE...
ON EST QUITTES ?

Fauteuil qui roule

MERDE !
COMMENT ÇA...
VOUS ÉTIEZ "DISTRAIT" QUAND VOUS M'AVEZ CHARGÉ ??

Les taxis sont sympas

EN FAIT VOUS, LES TAXIS, ÊTES LES ROUTIERS DES VILLES.
ALIME
TOUJOURS À SILLONER LES GRANDS SERPENTINS SINUSOÏDAUX BITUMESQUES DES GRANDES CITÉS...
AU LIEU DES AXES MARATHONIENS DES ROUTES TRANSNATIONALES...
AVEC EN PLUS LE LUXUEUX PRIVILÈGE DE TRANSPORTER LA PLUS NOBLE DES MARCHANDISES : L'HUMAIN...
LES ROUTIERS ONT QUAND MÊME UN AVANTAGE...
LEUR MARCHANDISE À EUX...
.. ELLE SE TAIT.

Bonne poire belle Hélène

JE SAIS QU'IL FAIT FROID ET QU'ON NE PEUT PAS LES LAISSER DEHORS ...
MAIS IL FAUT QUE TU PENSES À FAIRE TON TRAVAIL, HÉLÈNE...

Sales clients

BEN DIS DONC !
DITES-DONC, IL EST UN PEU CRADE VOT'TAXI, LÀ !
FRANCHEMENT AU PRIX DES COURSES...
VOUS POURRIEZ FAIRE UN EFFORT COMMERCIAL DE PROPRETÉ.
SI C'EST AUSSI PROPRE CHEZ VOUS
J'COMPRENDS QUE VOUS SOYIEZ OBLIGÉE D'ÊTRE TAXI POUR RENCONTRER DES HOMMES...
BEN, R'GARDEZ-MOI ÇA...
ÇA PAR EXEMPLE C'EST DU POIL DE QUOI !?
OPINEL !
PROP'CAR
ET VOUS POURREZ ME FAIRE L'INTÉRIEUR DE LA VOITURE AUSSI ?
TAXI

Lutte des crasses

J'ADÔÔRE LES GENS POPULAIRES
VOUS, VOUS ÊTES DES VRAIS, DES AUTHENTIQUES.
VOUS N'AVEZ PAS BESOIN DE VOUS ENCOMBRER DE LA CULTURE ET DU SAVOIR POUR EXISTER.
VOUS SAVEZ VOUS HABITUER À LA MALADIE ET AU DÉNUEMENT...
VOUS N'AVEZ PAS HONTE D'AIMER DES MOCHES.
VOUS SENTEZ LES ODEURS DE LA VIE.
GASOIL, TRANSPIRATION, VIEILLES URINES ...
VOUS ÊTES PARFAIT !
NE CHANGEZ RIEN.
TU M'AS DIT QUE TU VOULAIS QUOI, MAN ?
DE L'ENCENS POUR VOITURE.

Too much

TAXI !
TERMINAL A
AAH, MON AMI, JE REVIENS DE NEW-YORK
GÉNIÂL !!
TOUT EST TELLEMENT PLUS GRAND LÀ-BAS
MANHATTAN ... CHINATOWN
CENTRAL PARK LES TWIN TOWERS ...
ET LE BRONX AAH ! LE BRONX !
LE BRONX TERRE DE NON-DROIT, LÉGENDE URBAINE.
SI VOUS ME TROUVEZ L'ÉQUIVALENT EN FRANCE, J'VEUX BIEN QUE VOUS ME BOTTIEZ LE CUL !
93 SEINE ST-DENIS

Maths thématiques

QUAND JE PENSE QUE JE ROULE 300 KILOMÈTRES PAR JOUR...
TAXIS
ÇA FAIT QUOI ?
DANS LES 9 000 KILOMÈTRES PAR MOIS...
ÇA REPRÉSENTE QUOI ? ...
VOYONS VOIR ...
ATLAS
EN UN MOIS JE ROULE DE QUOI ALLER JUSQU'EN AMÉRIQUE !!
MERDE !
INCROYABLE !
ET EN UN AN J'AI ROULÉ COMBIEN ?
...
108 000 KILOMÈTRES !!
DEUX FOIS ET DEMI LE TOUR DE LA TERRE PAR AN !!
QUAND JE PENSE QUE JE BOSSE DEPUIS TOUT CE TEMPS POUR POUVOIR ME PAYER UN VOYAGE
ET QUE J'AI PAS ENCORE BOUGÉ D'ICI ...
J'AI DÛ FAIRE UNE ERREUR DE CALCUL
JE RECOMMENCE.
'Y EN A QUI SAVENT PLUS COMMENT S'OCCUPER DANS LA FILE D'ATTENTE.

Nos animaux les amis

IL AIME LES AUTRES CHIENS ?
IL ADORE.
TIENS, MON KIKI, VA JOUER AVEC TON COPAIN...
ILS SONT SI MIGNONS... ILS SONT SI TROGNONS...
C'EST SI MERVEILLEUX DE RENCONTRER DE VRAIS AMIS DES ANIMAUX.
OUI.
CROQUETTES BIO
PROMENADE
SOYEUX
SI GENTILS
MIEUX QU'UN HOMME
QUI N'AIME PAS LES BÊTES, N'AIME PAS LES HOMMES
TRAITEMENT ANTI-PUCES
LES P'TITS ROTAILLONS
SI INTELLI-GENTS
EH BIEN AU REVOIR MADAME.
CE FUT UN PLAISIR.
TU VIENS KIKI ?
TAXI
QUEL ÊTRE DÉLICIEUX...
HEIN KIKI ?
BURP!

I-potes

CE SOIR JE SUIS TROP LAS DE L'EXISTENCE
VOUS ÊTES MON DERNIER ESPOIR
JE VEUX EN FINIR AVEC LA VIE.
C'EST UN ULTIME APPEL AU SECOURS QUE JE VOUS ADRESSE...
SI VOUS NE M'AIDEZ PAS, JE VAIS EN FINIR...
PAR VOTRE SILENCE VOUS ME CONDAMNEZ.
MON DIEU ! NOUS SOMMES DONC SEULS !
BON...EH BIEN ... ADIEU
AU R'VOIR M'SIEUR !
ALORS ?
J'TE RENDS TON I-POD
J'VAIS ALLER M'ACHETER LE MÊME ILLICO !
C'EST MORTEL !
POP
POP
TAXI

Le bon temps

J'SUIS CONTENT DE NE PAS AVOIR ÉTÉ TAXI AU XVII° SIÈCLE...
...NI EN CHINE...
...NI EN AFRIQUE...
...NI À VENISE...
TAXI EN FRANCE, C'EST QUAND MÊME LA BELLE VIE...
ZZZZZ
ZZZ
ROÔOZZZZ
ZZZZ
ZZZZ
RONFLLL
ZZZZZZ
ROOOZZZZ
TAXI

Alter égaux

TAXI
TU NOUS POLLUES LES OREILLES AVEC TON SPOUTNIK !
TU NOUS POLLUES L'AIR AVEC TON CHAR ANTIQUE !
VRÔÔ
T'ES JEUNE, T'ES CON, TU CONNAIS RIEN AU MÉTIER.
POUR MOI C'EST QU'UN JOB !
C'EST UN MÉTIER POUR LES VIEUX RINGARDS COMME TOI !
MAIS ARRÊTEZ
C'EST CON DE VOUS DISPUTER.
ON SE DISPUTE PAS...
ON EST PAREILS !
IL RESSEMBLE À CE QUE J'ÉTAIS...
IL RESSEMBLE À CE QUE JE VEUX PAS DEVENIR !

Philanthrope, c'est trop

POURQUOI AVEZ-VOUS CHOISI CE MÉTIER ?
JE VOULAIS CONNAÎTRE LES GENS.
BRASSER L'INFINIE VARIÉTÉ HUMAINE ET TOUS SES MÉANDRES CÉRÉBRAUX.
CONNAÎTRE CE QUI FAIT LES GENS
...
LEURS RÊVES LEURS ENVIES
VIVRE MON ALTRUISME.
DÉCOUVRIR EN TOUT UN CHACUN LA PÉPITE QUI EN FAIT UN ÊTRE TOUJOURS BEAU, EXCEPTIONNEL...
ET AUJOURD'HUI ?
JE CONNAIS LES GENS.

Point de vue

TAXI ! TAXI !
HOLÀ
DOUCEMENT AVEC MON TAXI !
BING
BING
PAS DE CHIEN DANS MA VOITURE !
J'SUIS AVEUGLE ! J'AI LE DROIT !
GRMMBLLL ! QUELS EMMERDEURS CES HANDICAPÉS !
EH !
J'SUIS AVEUGLE MAIS PAS SOURD !
ON EST ARRIVÉS, ÇA FAIT 10 EUROS.
J'AI DEMI-TARIF J'SUIS HANDICAPÉ.
ESSAYEZ PAS DE M'ARNAQUER, LES TAXIS J'VOUS AI À L'ŒIL !
ÇA TOMBE BIEN.

Taxi trois étoiles

ALORS?
COMPLET AUSSI...
HOTEL
VA FALLOIR TROUVER UNE SOLUTION
IL SE FAIT TARD, LÀ.
ÉCOUTEZ J'AI UNE IDÉE...
TAXI
LAISSEZ-MOI DORMIR DANS VOTRE TAXI CETTE NUIT ET LAISSEZ TOURNER LE COMPTEUR !
?
ÇA VA VOUS COÛTER UN MAX !
C'EST MA BOÎTE QUI PAYE
CAS DE FORCE MAJEURE.
COMME VOUS VOULEZ...
À DEMAIN ! ET PAS DE SOUCI, JE SERAI PROPRE.
HIHI ! QUELLE AVENTURE
FINALEMENT JE M'EN SORS PAS TROP MAL.
RoÔôOozZ
RÔOOZZ
EHHH!!
J'AI EU DES SCRUPULES
JE ME SUIS DIT QU'À CE TARIF-LÀ...
VOUS AVIEZ BIEN DROIT À UNE CHAMBRE AVEC DOUCHE !

La muse

EH OUAIS MON POTE...
LE VRAI... L'AUTHENTIQUE LE SEUL JOE LE TAXI
C'EST MOI !
TAXI
LA P'TITE VANESSA J'LAI TELLEMENT FAIT CHANTER SUR MA BANQUETTE ARRIÈRE QU'ELLE M'A ÉCRIT CE MORCEAU...
PARFAITEMENT LES MECS !
ET SI ELLE A PRIS COMME PSEUDO : " PARADIS"
C'EST POUR TOUTES LES FOIS OÙ J'L'AI EMMENÉE AU PARADIS.
WÂH L'AUT' MYTHO
IL EST ARRIVÉ PAREIL AVEC LADY DI ET SON CHAUFFEUR
ELLE A CONNU LE PARADIS SUR SA BANQUETTE ARRIÈRE.
HEU HEU

Monument hystérique

TAXI !
FAIL' TOUR !
LE TOUR DU MONUMENT ?
VOUS AVEZ DE DRÔLES D'IDÉES LES TOURISTES !
FAIL TOUR !
FAIL TOUR !
ENCORE !? OUI, OUI ! ON FAIT LE TOUR !
FAIL TOUR ! FAIL TOUR !
ÇA VA OUAIS ? J'ARRÊTE PAS DE FAIRE LE TOUR !
FAIL' TOUR !!
FEL' TOUR EIFFEL TOUR OK, J'AI COMPRIS.
UN ASPRO ET ON Y VA.

Sa vie son œuvre

ÉCOLE
PIZZA
TAXI
D'HABITUDE, C'EST LUI QUI NOUS ACCOMPAGNAIT JUSQU'À NOTRE DESTINATION FINALE...

Heures sup'

TAXI !
LE TOUR DU MONDE SVP.
?
BIEN MONSIEUR.
TAXI
DOUANE
ZOLL
66
ON EST ARRIVÉS MONSIEUR,
ÇA FAIT 18523 EUROS.
LES ENFANTS SONT COUCHÉS ET TON REPAS EST FROID !
JE T'AI DÉJÀ DEMANDÉ DE NE PAS PRENDRE DE COURSES APRÈS 19 HEURES !

En vente partout où il y a de la bd !